Mandari
et Kiwi

Le pain de grand-père

Texte : Laïla Héloua
Illustrations : Nathalie Lapierre

À mon papa, adorable grand-papa gâteau.
Laïla

À ma mère et mon père, tendrement.
Nathalie

Le raton laveur

Catalogage avant publication de Bibliothèque et Archives Canada

Héloua, Laïla

Le pain de grand-père

(Mandarine et Kiwi)
(Le raton laveur)
Pour enfants de 3 à 6 ans.

ISBN 978-2-89579-129-4

I. Lapierre, Nathalie. II. Titre. III. Collection: Héloua, Laïla. Mandarine et Kiwi. IV. Collection: Raton laveur (Bayard (Firme)).

PS8615.E46P34 2007 jC843'.6 C2006-942075-0
PS9615.E46P34 2007

Nous reconnaissons l'aide financière du gouvernement du Canada par l'entremise du Programme d'aide au développement de l'industrie de l'édition (PADIÉ) pour nos activités d'édition.

Conseil des Arts du Canada Canada Council for the Arts

Bayard Canada Livres inc. remercie le Conseil des Arts du Canada du soutien accordé à son programme d'édition dans le cadre du Programme des subventions globales aux éditeurs.
Cet ouvrage a été publié avec le soutien de la SODEC.
Gouvernement du Québec – Programme de crédit d'impôt pour l'édition de livres – Gestion SODEC.

Dépôt légal – 1e trimestre 2007
Bibliothèque nationale du Québec
Bibliothèque nationale du Canada

Direction : Paule Brière
Graphisme : Mathilde Hébert
Révision : Pierre Guénette

4475, rue Frontenac, Montréal (Québec), Canada H2H 2S2
Téléphone : 514 844-2111 ou 1 866 844-2111
Télécopieur : 514 278-3030
Courriel : edition@bayard-inc.com

Imprimé au Canada

Ce matin, Mandarine et Kiwi se sont réveillés très tôt. Ils dormaient chez leur grand-père qui est boulanger. Ils vont apprendre à faire du pain.

– Youpi ! s'écrie Kiwi.

– Miam ! j'ai déjà faim, ajoute Mandarine.

– Vous devez être patients, mes poussins, dit Grand-papa, cuire du pain demande du temps.

– Suivez-moi, descendons au fournil.

– C'est quoi, le fournil ? demande Kiwi.

– C'est le nom de la pièce où se trouve le four de la boulangerie, explique Maman.

– Allons, il faut commencer si on veut avoir du pain pour le petit-déjeuner, dit Grand-papa.

– D’abord, il faut de la farine. Sans farine, il n’y a pas de pain, mentionne Grand-papa.

– D’où vient la farine ? demande Kiwi.

– La farine est faite à partir de différentes céréales. Pour le pain, on utilise surtout du blé, répond Maman.

– Puis nous avons besoin d'eau ? demande Mandarine.

– Oui, continue Maman, l'eau sert à coller les grains de farine ensemble pour obtenir la pâte à pain.

– Et du sel pour donner du goût à la pâte, devine Kiwi.

Enfin, la levure.

– À quoi sert la levure ? demande Kiwi.

– Elle fait gonfler la pâte en créant une multitude de petits trous, explique Grand-papa.

– Vos mains sont propres ? demande Maman.

– Oui, répondent en chœur Kiwi et Mandarine.

Il faut pétrir la pâte, c'est-à-dire la malaxer d'abord avec une cuillère, puis à la main, pour qu'elle devienne élastique.

– Évidemment, pour la boulangerie, j'utilise un pétrin, une machine qui fait le travail du pétrissage pour arriver à confectionner une grande quantité de pâte, dit Grand-papa.

– Bravo les enfants, elle est belle, votre grosse boule de pâte, félicite Maman.

La pâte doit se reposer pour commencer à grossir, grâce à la levure.

– Qu'est ce qu'on fait en attendant ? soupire Mandarine.

– Maman, raconte-nous encore une fois comment c'était quand tu étais petite.

– Ça me rappelle de bons souvenirs, dit Maman en sortant son vieil album de photos. Lorsque j'étais petite, ma belle Mandarine, ton grand-père se levait tôt tous les matins, bien avant tout le monde. Comme nous habitions au-dessus de la boulangerie, c'était l'odeur du pain qui me réveillait. Une fois habillée, je descendais en courant pour aller chercher du bon pain chaud pour le petit-déjeuner.

BOULANGERIE

– Grand-papa était couvert de farine et ses yeux pétillaient en me remettant mon panier aux trésors. Chaque jour, on goûtait un pain différent : au blé entier, au levain, au lait. Parfois Grand-papa mettait des brioches ou des croissants dans mon panier. Nous avions toujours hâte de voir ce qu'il nous avait préparé.

– Toi, tu ne faisais pas le pain ? demande Mandarine.

– Mais oui, répond Grand-papa. Parfois, j'allais réveiller votre mère, comme vous ce matin, et on descendait ensemble au fournil. Je lui montrais comment on fabrique le pain.

– Et avant que la boulangerie n'ouvre, on s'assoyait ensemble pour déguster nos chefs-d'œuvre !

– Je n'ai jamais perdu cette habitude de faire du pain maison de temps en temps, ajoute Maman.

– Allons voir si la pâte est prête, s'impatiente Kiwi.

– Oui, répond Maman, on partage la grosse boule de pâte en petites boules. Avec nos deux mains, on donne une belle forme qu'on appelle des pâtons.

– Maintenant, on fait cuire nos pains ! s'exclame Mandarine.

– Pas si vite, corrige Grand-papa. Avant de les mettre au four, on doit les laisser reposer une deuxième fois pour qu'ils gonflent encore plus.

– L’heure de la cuisson est arrivée, mes amours.
On met nos pâtons dans le four très chaud.
Attention !

– Hum ! Comme ça sent bon ! dit Kiwi.

– Hum ! Ça sent le pain chaud ! ajoute Mandarine.

Le pain à la main de grand-père

Ingrédients

- 4 tasses 1/2 (500 g) de farine à pain
- 1 tasse 2/3 (400 ml) d'eau tiède
- 1 cuillère à soupe (8 g) de levure boulangère
- 2 cuillères à thé (10 ml) de sucre
- 1 cuillère à thé (5 ml) de sel
- un peu de farine pour les mains et le plan de travail
- un peu d'huile pour graisser le moule

Préparation

Dans un grand bol, mélangez le sel et 2 tasses (230 g) de farine. Faites un puits.

Délayez la levure et le sucre dans 1/2 tasse (125 ml) d'eau tiède, laissez reposer sans remuer 10 minutes, puis brassez et versez au centre de la farine.

Ajoutez le reste de l'eau tiède lentement.

Versez tranquillement le reste de la farine en tournant avec une cuillère.

Pétrissez vigoureusement pendant 10 minutes avec une cuillère en bois, puis avec les mains enfarinées. Il faut obtenir une pâte homogène et élastique.

Formez une boule, couvrez le bol d'un linge et laissez reposer la pâte 30 minutes dans un endroit chaud. La pâte va doubler de volume.

Enlevez le linge, enfoncez le poing dans la pâte pour dégager les gaz.

Farinez généreusement le plan de travail et transférez la pâte.

Pétrissez 3 ou 4 fois, puis séparez la pâte pour former deux belles boules que vous déposerez chacune dans un moule légèrement huilé.

Laissez lever sous un linge humide pour éviter les courants d'air, pendant 20 minutes dans un endroit chaud.

Allumez le four à 450 °F (230 °C).

La pâte ayant levé, faites sur le dessus plusieurs entailles croisées avec un couteau à fines dents et saupoudrez d'un peu de farine.

Cinq minutes avant d'enfourner, placez un bol d'eau dans le four, sur la grille du bas. Laissez cuire le pain à mi-hauteur du four pendant 20 à 25 minutes à 450 °F (230 °C) pour que la croûte soit bien dorée. Baissez ensuite la température du four à 350 °F (175 °C) pour 20 à 25 minutes supplémentaires pour bien cuire la mie.

Dégustez chaud, miam !

La farine, de la graine au moulin

L'agriculteur sème les graines à l'automne ou au printemps. Le grain de blé a une forme arrondie, fendue en son milieu.

Au milieu de l'été, c'est le temps de la moisson. On ramasse le blé avec une moissonneuse-batteuse. Un camion apporte les grains de blé au moulin.

Le meunier les fait passer sur un tapis roulant. Ce tapis bouge pour enlever la poussière, la paille et toutes les saletés. Le meunier écrase les grains de blé à l'aide de gros cylindres métalliques qui ont remplacé les meules d'autrefois. À chaque broyage, des tamis servent à séparer l'enveloppe du grain. Le meunier recommence jusqu'à ce que les grains soient réduits en poudre; on obtient alors une farine bien fine.

La plupart des céréales peuvent être transformées en farine. Le blé est la farine la plus connue, mais chaque pays a sa farine-vedette. La farine de maïs est utilisée au Mexique pour faire les *tortillas*. La farine de seigle est employée dans la plupart des pains fabriqués en Allemagne. La farine de sarrasin est à la base des *blinis*, de petites crêpes russes et polonaises. La farine de riz sert à confectionner les *banh trang*, des crêpes vietnamiennes très minces qui sont farcies.